TANJA BRAUNE

SUPPENFASTEN

DIE BESTEN REZEPTE

kneipp verlag
WIEN

Inhalt

Foto: Karotten-Orangen-Suppe (S. 46)

Vital & schlank mit Suppenfasten

Wer abnehmen will, muss essen – nicht hungern. Denn jede drastische Kalorienreduktion wertet der Körper als einen Angriff auf seine Existenz und reagiert darauf so, wie es seit Anbeginn der Menschheit bei Hungersnöten üblich war: Die Körperwärme wird reduziert und der Stoffwechsel auf ein Minimum gedrosselt. Der ganze Organismus wird auf Sparflamme gedreht und jede Kalorie wird möglichst effizient verwertet. Wenn aber die „Hungersnot" noch länger dauert, werden die „energiefressenden" Muskeln sukzessive abgebaut – was fatale Folgen hat. Denn: je weniger Muskulatur, desto weniger Grundumsatz. Das führt dazu, dass das Abnehmen immer schwieriger und schwieriger wird.

Isst man dann wieder normal, traut der Körper dem neuen Glück nicht. Er bildet immer neue Fettzellen und füllt diese, um sich für einen erneuten Notfall zu rüsten. Das ist der berüchtigte Jo-Jo-Effekt. Dieser Mechanismus macht durchaus Sinn und hat unsere Vorfahren vor dem Aussterben gerettet. In unserer heutigen Überflussgesellschaft ist er allerdings der Grund für die weltweite Übergewichtspandemie. In Zahlen: Weltweit sind mehr als 200 Millionen Männer und fast 300 Millionen Frauen adipös. Und die Menschheit wird immer dicker: Seit 1980 hat sich die Zahl fettleibiger Menschen mehr als verdoppelt.

MACHEN DIÄTEN ALSO DICK? Starre Regeln und teilweise gesundheitsschädigende Crashdiäten, die kein Mensch langfristig einhalten kann, lassen die meisten Menschen irgendwann zu Diätversagern werden. Das bringt nicht nur Frust, sondern irgendwann geht auch das Gefühl für den eigenen Körper verloren: Man wird immer dicker und immer unglücklicher – und schlussendlich auch kränker.

FASTEN KANN AUCH ANDERS GEHEN: Suppenfasten funktioniert neben Arbeit und Familie, geht schnell, ist effektiv und schmeckt wunderbar. Sie fasten mit Suppen, die den Stoffwechsel entsäuern, die ersten Kilos recht rasch eliminieren und den Organismus für die langfristige Ernährungsumstellung vorbereiten. Bei dieser Fastenkur light gibt es täglich ein gutes Frühstück und leckere Fatburnerdrinks – ganz nach Lust und Laune! So bleiben Sie leistungsfähig, gut gelaunt und gesund – und haben keinen Heißhunger. Wählen Sie aus den Rezepten Ihre Favoriten aus und genießen Sie sie!

Der 14-Tage-Abnehmplan

TAG 0 Am Tag, bevor Sie mit dem Suppenfasten beginnen, essen Sie keine schweren, fetten Speisen, nichts Süßes, kein Weißmehl, trinken Sie weder Alkohol noch kohlensäurehaltige Getränke. Halten Sie sich täglich an folgende Vorgaben:

MORGENS

Zur Anregung der Darmperistaltik vor dem Aufstehen den Bauch im Uhrzeigersinn entlang des Nabels etwa fünf Minuten lang sanft massieren, nach dem Aufstehen 500 ml Leitungswasser trinken. Wechselduschen und mit einer Körperbürste den Körper bürsten.

FRÜHSTÜCK

Nach Wahl (ab Seite 8), dazu eine Kanne Tee trinken.

MITTAGS

Suppe nach Wahl. Wenn möglich: mittags oder auch nachmittags 30 Minuten Ruhe mit einer Wärmeflasche auf der rechten Bauchhälfte (unterstützt die Leber). Nach dem Ruhen 30 Minuten spazieren gehen.

NACHMITTAGS

Schlankmacherdrink (ab Seite 16), über den Nachmittag verteilt viel Wasser mit ein bis zwei Messerspitze(n) Ascorbinsäure (Vitamin C) trinken. Sollten Sie einen empfindlichen Magen haben, verwenden Sie besser gepuffertes Vitamin C (Kalziumascorbat) aus der Apotheke.

ABENDS

Suppe nach Wahl, vor 18 Uhr. Späterer Abend: Tee nach Wahl, ungesüßt, langsam löffeln.

| TAG 1 | Bewegung | 30 bis 60 Minuten Ausdauerprogramm (Walken, Schwimmen …) |
| | Seelenkost | Nehmen Sie sich bewusst Zeit für sich selbst. |

| TAG 2 | Bewegung | 30 Minuten Krafttraining oder 60 Minuten Ausdauerprogramm |
| | Seelenkost | Nehmen Sie ein ausgiebiges Bad, danach gleich zu Bett. |

| TAG 3 | Bewegung | Lassen Sie es heute gut sein … |
| | Seelenkost | Gehen Sie in die Sauna, ins Dampfbad … |

| TAG 4 | Bewegung | 60 Minuten Ausdauerprogramm |
| | Seelenkost | Lassen Sie sich massieren oder eine Lymphdrainage angedeihen. |

| TAG 5 | Bewegung | Yoga oder eine geführte Mediation (am fünften Tag besonders gut!) |
| | Seelenkost | Gehen Sie mit Freunden ins Kino oder ins Theater. |

| TAG 6 | Bewegung | 60 Minuten lockeres Ausdauerprogramm |
| | Seelenkost | Tun Sie etwas für Ihre Schönheit (Friseur, Kosmetik, Pediküre …) |

| TAG 7 | Bewegung | 60 Minuten Ausdauerprogramm kombiniert mit Krafttraining |
| | Seelenkost | Nehmen Sie ein Bad, lesen Sie ein gutes Buch und gehen Sie früh zu Bett. |

| TAG 8 | Bewegung | Pilates (Nehmen Sie einfach eine Gratis-Schnupperstunde!) |
| | Seelenkost | Treffen Sie sich mit Freunden und sprechen Sie über Ihr Fastenprogramm. |

| TAG 9 | Bewegung | Sightseeing-Tag: Gehen Sie in ein Museum, in den Zoo …. |
| | Seelenkost | Tun Sie zu Hause etwas für Ihre Schönheit (Gesichtsmaske …) |

| TAG 10 | Bewegung | Heute machen Sie einmal eine wohlverdiente Pause. |
| | Seelenkost | Gehen Sie wieder zur Massage (diesmal eine ayurvedische Behandlung) |

| TAG 11 | Bewegung | Machen Sie eine Schnupperstunde Body & Soul-Training (zumeist gratis). |
| | Seelenkost | Machen Sie ein erholsames Wellnessprogramm (Dampfbad, Sauna …) |

| TAG 12 | Bewegung | Machen Sie eine zweistündige Wanderung. |
| | Seelenkost | Genießen Sie die Natur und die Aussicht. |

| TAG 13 | Bewegung | Heute gönnen Sie sich einmal eine wohlverdiente Pause. |
| | Seelenkost | Kaufen Sie sich etwas Figurbetontes! |

| TAG 14 | Sie haben es geschafft! Gehen Sie es dennoch ruhig an und versuchen Sie, die Ihnen angenehmen Rituale der Fastenwochen auch weiterhin in Ihren Tagesablauf einzubinden. |

„FRÜHSTÜCKEN WIE EIN KAISER" gilt auch, wenn es um eine Diät geht. Denn langweilt schon das Frühstück oder stillt es nicht einmal den allerkleinsten Hunger, ist die Versuchung, bei der nächsten Konditorei einzukehren, umso größer. Außerdem ist es wichtig, morgens die über Nacht geleerten Energiespeicher wieder aufzufüllen – nicht nur für Leistungs- und Konzentrationsfähigkeit, Gesundheit und gute Laune, sondern eben auch für die Figur. Mit den folgenden zehn Frühstücksideen gelingt der optimale Start in den Tag – und Kalorien werden dank etlicher Fatburnernährstoffe auch noch gespart.

10 schnelle Frühstücksideen

Eier im Glas mit Kresse

2 PORTIONEN

2 Scheiben magerer Frühstücks-
speck

2 Eier

Salz, Pfeffer

1/2 rote Chilischote

2 Scheiben kräftiges Bauernbrot

1 Frühlingszwiebel

1/2 Beet Kresse

ZUBEREITUNG

1 Eier 5 Minuten weich kochen.
2 Speck in einer heißen, beschichteten Pfanne knusprig auslassen. Auf Küchenpapier gut abtropfen
lassen.
3 Frühlingszwiebel in feine Ringe schneiden. Chilischote entkernen und ebenfalls in Ringe schneiden.
Den abgekühlten Speck in kleine Stücke brechen.
Eier mit kaltem Wasser abschrecken und pellen.
Kresse mit einer Schere abschneiden.
4 Alle vorbereiteten Zutaten in Gläser geben und mit
einem Löffel mischen. Eventuell salzen und pfeffern
und mit dem Brot essen.

NÄHRWERT PRO PORTION:
280 kcal, KH: 29 g, F: 12 g, E: 14 g

Eierspeise

2 PORTIONEN

1 TL Öl

2 Eier

1/2 Bund Petersilie, gehackt

2 Tomaten, gewürfelt

Salz, Pfeffer

dazu 1-2 Scheiben Vollkornbrot

ZUBEREITUNG

1 Eier verquirlen und mit Salz und Pfeffer würzen.
2 In einer Pfanne etwas Öl heiß werden lassen und
die Tomatenwürfel kurz darin anbraten. Eier dazugeben, alles etwa 1-2 Minuten garen und kurz vor
Schluss die Petersilie untermischen.

NÄHRWERT PRO PORTION:
132 kcal, KH: 3,1 g, F: 8,2 g, E: 5,7 g

VITALMÜSLI

2 PORTIONEN

4 EL Vollkornhaferflocken

4 EL Berberitzen oder Cranberrys

2 Zwetschken, gewürfelt

1 großer Apfel, gewürfelt

300 ml Joghurt (0,1 % Fett)

Stevia

ZUBEREITUNG

1 Haferflocken mit 4 EL heißem Wasser übergießen und ein paar Minuten aufquellen lassen.

2 Eventuell abseihen und mit den restlichen Zutaten vermengen.

NÄHRWERT PRO PORTION:

142 kcal, KH: 21,1 g, F: 2 g, E: 9,7 g

TOMATENBRÖTCHEN

2 PORTIONEN

2 Scheiben Vollkornbrot (ohne Zuckerzusatz)

2 Tomaten, in Scheiben

2 EL Cottage Cheese mit Kräutern (Löffelkäse, 1 % Fett)

4 Basilikumblätter

Salz

ZUBEREITUNG

1 Vollkornbrot toasten, mit Cottage Cheese bestreichen und mit Tomatenscheiben belegen.
2 Mit Basilikum und etwas Salz würzen und servieren.

NÄHRWERT PRO PORTION:

170 kcal, KH: 21 g, F: 2 g, E: 9 g

HERZHAFTES BRÖTCHEN

2 PORTIONEN

2 harte Eier

1 TL Halbfettmargarine

2 TL Schnittlauch, in Röllchen

1 TL Senf

80 g Salatgurke

4 Scheiben Roggenvollkornbrot

80 g Schinken

ZUBEREITUNG

1 Margarine, Schnittlauchröllchen und Senf mit einer Gabel mischen.
2 Salatgurke waschen, trocken reiben und in sehr dünne Scheiben schneiden. Eier pellen und in dünne Scheiben schneiden.
3 Brotscheiben mit Margarinecreme bestreichen. Eischeiben auf eine Scheibe Brot legen, Schinken und Gurkenscheiben darauf verteilen und mit der zweiten Brotscheibe zudecken. Zum Schluss diagonal halbieren.

NÄHRWERT PRO PORTION:

290 kcal, KH: 21 g, F: 9 g, E: 19 g

Obstsalat

2 PORTIONEN

2 kleine Äpfel, gewürfelt

1 Birne, gewürfelt

1 Handvoll Beeren nach Wahl

2 Marillen (Aprikosen), gewürfelt

Saft von 2 Orangen

2 EL Walnusskerne, grob gehackt

2 EL Cottage Cheese
(Löffelkäse, 1 % Fett)

ZUBEREITUNG

1 Das Obst mit Orangensaft marinieren .

2 Mit einem Klecks Cottage Cheese und mit Walnüssen bestreut servieren.

Achtung: Manche Frischkäsesorten enthalten Zucker!

NÄHRWERT PRO PORTION:

154 kcal, KH: 28 g, F: 3,8 g, E: 3,1 g

Grießbrei

2 PORTIONEN

400 ml Milch (0,1 % Fett)

1 halbierte Vanilleschote,
das Mark herausgekratzt

60 g Dinkelgrieß oder Dinkelflocken

1/2 Mango, gewürfelt

Stevia

Saft von 1 Limette

ZUBEREITUNG

1 Die Milch in einem Topf erhitzen, Vanilleschote und Mark zur Milch geben.

2 Den Grieß oder die Flocken mit einem Schneebesen gut einrühren, kurz aufkochen lassen und etwa 10 Minuten quellen lassen. Mit Stevia abschmecken, Vanilleschote herausnehmen.

3 Die Mango mit dem Limettensaft pürieren und als eine Art Spiegel über den Grießbrei leeren.

NÄHRWERT PRO PORTION:

195 kcal, KH: 31 g, F: 1 g, E: 11 g

Zimt-Heidelbeer-Joghurt

2 PORTIONEN

300 ml Joghurt
 (0,1 % Fett)
200 g Heidelbeeren
Stevia
1 TL Zimt
Minzeblättchen, grob gehackt

ZUBEREITUNG

1 Die Heidelbeeren waschen, abtropfen lassen und mit einer Gabel leicht zerdrücken.
2 Joghurt mit Zimt und Stevia zusammen in einer Schüssel verrühren und die Heidelbeeren vorsichtig unterheben.
3 Mit Minze dekorieren und servieren.

NÄHRWERT PRO PORTION:
93 kcal, KH: 14 g, F: 0,5 g, E: 6 g

Papaya MIT KÖRNIGEM FRISCHKÄSE

2 PORTIONEN

200 g Papaya
400 g Cottage Cheese
(Löffelkäse, 1 % Fett)
4 Stängel Zitronenmelisse
Ein Schuss Mineralwasser
2 TL Zitronensaft

ZUBEREITUNG

1 Kerne aus der Papaya herauslösen. Fruchtfleisch schälen und in Würfel schneiden. Papaya und Frischkäse mischen.
2 Melisse waschen, trocken tupfen, Blättchen von 1 Stiel zupfen und grob hacken. Mit Mineralwasser und Zitronensaft unter den Frischkäse rühren, anrichten und mit der übrigen Melisse verzieren.

NÄHRWERT PRO PORTION:
210 kcal, KH: 6 g, F: 9 g, E: 27 g

Süßer Orangencouscous

2 PORTIONEN

2 mittelgroße Orangen

Stevia nach Geschmack

2 Msp. Zimt

60 g Couscous

1 TL Margarine

2 TL getrocknete Berberitzen

2 EL Joghurt (0,1 % Fett)

1 TL Pistazien, gehackt

ZUBEREITUNG

1 Eine Orange halbieren, ein Viertel abschneiden und beiseitelegen.

2 Saft der zweiten Orange auspressen. Orangensaft, Stevia und Zimt in einem Topf aufkochen lassen. Couscous unter Rühren zugeben. Topf vom Herd nehmen und zugedeckt ca. 5 Minuten ziehen lassen. Margarine unter den Couscous rühren, bei schwacher Hitze 2–3 Minuten dünsten, dann vom Herd nehmen.

3 Übriges Orangenviertel schälen. Fruchtfleisch in kleine Stücke schneiden. Berberitzen und Orangen-stücke unter den Couscous rühren und in ein Glas geben. Joghurt darauf verteilen und mit Pistazien bestreuen.

NÄHRWERT PRO PORTION:
180 kcal, KH: 24 g, F: 5 g, E: 4 g

TRINKEN ist wichtig. Ausreichend Wasser trinken ist daher sowieso Ehrensache, aber diese gesunden Cocktails können das Fasten und eine figurbewusste Ernährung zusätzlich sehr gut unterstützen. Wählen Sie jeden Tag einen dieser Cocktails aus und genießen Sie ihn zwischendurch. Die Zutaten sind so gewählt, dass möglichst viele gesunde und „fettfressende" Nährstoffe enthalten sind. Zudem können diese Drinks auch den kleinen Hunger stillen oder die Lust auf Süßes zwischendurch sehr gut im Zaum halten.

10 Schlankmacher-Drinks

EIWEISSSHAKE

2 GLÄSER

250 ml Buttermilch

100 ml Mineralwasser

100 g Joghurt (0,1 % Fett)

1 Banane

100 g Erdbeeren (oder andere Beeren, auch tiefgekühlt)

2 EL Weizenkleie

etwas Kardamom

ZUBEREITUNG

Alle Zutaten in den Mixer geben, mit Kardamom abschmecken und gleich trinken.

NÄHRWERT PRO PORTION:
173 kcal, KH: 25 g, F: 3 g, E: 11 g

BANANENDRINK

2 GLÄSER

2 Bananen

300 g Topfen (Quark, 0,2 % Fett)

800 ml kaltes Wasser

Stevia

2 TL Guar-Granulat

etwas Zimt

ZUBEREITUNG

Alle Zutaten in den Mixer geben, mit Zimt bestauben und gleich trinken.

NÄHRWERT PRO PORTION:
240 kcal, KH: 24 g, F: 0,5 g, E: 20,5 g

FLOTTER FETTVERBRENNER

2 GLÄSER

6 Marillen (Aprikosen)

Saft von 2 Orangen

Saft von 1 Zitrone

200 ml zuckerfreie Molke

ZUBEREITUNG

Alle Zutaten im Mixer pürieren und möglichst kalt trinken.

NÄHRWERT PRO PORTION:

132 kcal, KH: 26,1 g, F: 0,5 g, E: 2,8 g

ERFRISCHENDER GRAPEFRUIT-DINKULA

2 GLÄSER

2 Grapefruits

200 ml Dinkula

Mineralwasser

ZUBEREITUNG

Grapefruits auspressen. Den Saft mit gut gekühltem Dinkula mixen und mit Mineralwasser auffüllen.

NÄHRWERT PRO PORTION:

47 kcal, KH: 9,2 g, F: 0,2 g, E: 1,2 g

FETTSTOPP-COCKTAIL

2 GLÄSER

200 ml Molke

200 ml Apfelsaft (direkt gepresst, ohne Zuckerzusatz)

etwas Zimt

3 EL Apfelessig

ZUBEREITUNG

Molke, Apfelsaft und Zimt kurz erhitzen, Apfelessig einrühren und möglichst warm trinken.

NÄHRWERT PRO PORTION:

78 kcal, KH: 15,8 g, F: 0,2 g, E: 1,8 g

Vitamin-C-Booster

2 GLÄSER

Saft von 3 großen Orangen

Saft von 1 Zitrone

20 ml Acerola- oder Aroniasaft

Mineralwasser

2 Orangenscheiben zum Garnieren

ZUBEREITUNG

Die Säfte mixen und in ein Glas füllen. Mit Mineralwasser auffüllen und mit jeweils einer Scheibe Orange dekoriert servieren.

NÄHRWERT PRO PORTION:

50 kcal, KH: 9 g, F: 0,1 g, E: 1 g

Tomatenmilch

2 GLÄSER

2 vollreife Tomaten

8 Basilikumblätter

1 EL Tomatenmark

300 g Buttermilch

Kräutersalz, Pfeffer

2 Spritzer Worcestersauce

ZUBEREITUNG

1 Die Tomaten kurz blanchieren, häuten und eventuell Kerne entfernen.
2 Die Hälfte der Buttermilch gemeinsam mit allen anderen Zutaten im Mixer pürieren.
3 Die übrige Milch dazugeben, nochmals kurz mixen und gegebenenfalls nochmals abschmecken. Mit Pfeffer bestreut servieren.

NÄHRWERT PRO PORTION:

71 kcal, KH: 7,7 g, F: 1,6 g, E: 5,9

Melonensmoothie

2 GLÄSER

1/2 Honigmelone,
grob entkernt, zerkleinert

Saft von 1 Zitrone

Einige Blätter Zitronenmelisse

2 Tassen Eiswürfel (Crushed Ice)
oder Mineralwasser

ZUBEREITUNG

Alle Zutaten im Mixer verarbeiten und nach Belieben mit Stevia süßen.

NÄHRWERT PRO PORTION:

35 kcal, KH: 10 g, F: 0,5 g, E: 1 g

Stoffwechselzünder

2 GLÄSER

100 ml Karottensaft

300 ml Apfelsaft (direkt gepresst, ohne Zuckerzusatz)

60 ml Artischockensaft

ein paar Eiswürfel

ZUBEREITUNG

Die gut gekühlten Säfte und den Artischockensaft mit einer Gabel gut verquirlen und über ein paar Eiswürfel in ein Cocktailglas gießen.

NÄHRWERT PRO PORTION:

103 kcal, KH: 19 g, F: 0,2 g, E: 1,5 g

Fit-Cocktail

2 GLÄSER

400 ml Rote-Rüben-Saft
(Rote-Bete-Saft)

40 ml Weißdornsaft

1 Prise Muskatnuss, frisch gerieben

ZUBEREITUNG

Die Säfte gut verquirlen und mit einer Prise Muskat würzen.

NÄHRWERT PRO PORTION:

81 kcal, KH: 15 g, F: 0,1 g, E: 2,2 g

DIE GRUNDLAGE FÜR JEDE SUPPE ist eine im Voraus gekochte Bouillon. Alle Suppen-rezepte in diesem Buch beruhen auf einer Basis aus Gemüsebrühe (Seite 22). Je besser diese Brühe gelungen ist, desto geschmackvoller wird auch die Suppe. Es gibt viele gute Instant-suppen. Beim Einkauf sollte man vor allem darauf achten, dass sie in Bioqualität sind, keine Geschmacksverstärker und wenig bis kein Salz enthalten. Falls Sie genug Zeit und Laune haben, ist eine selbst gemachte Brühe aber dem besten Brühwürfel vorzuziehen.

Und keine Angst: Sie müssen nicht jeden Tag aufs Neue eine Brühe fabrizieren, sie lässt sich auch wunderbar auf Vorrat zubereiten, kühlstellen oder einfrieren. Im Kühlschrank hält sie sich einige Tage frisch, wenn Sie sie in ein sauberes, luftdicht abgeschlossenes Rexglas (mit kochendem Wasser sterilisiert) füllen. Im Gefrierschrank hält die Bouillon bis zu drei Monate. Am einfachsten ist es, wenn Sie die Brühe gleich in den später benötigten Mengen von jeweils 500 oder 750 ml einfrieren, sodass Sie sie später portionsweise auftauen können.

40 köstliche Schlankmacher-Suppen

Gemüsebrühe - Grundrezept

4 Liter

5 große Karotten, in Stücken

1 Knollensellerie, in Stücken

2 Petersilienwurzeln, in Stücken

3 große Zwiebeln, in Stücken

2 Stangen Lauch (Porree), in Stücken

2 Bund Petersilie, gehackt

2 Thymianzweige, gehackt

3 Lorbeerblätter, gehackt

3 Stängel Liebstöckel, gehackt

2 EL Olivenöl

1 TL Salz

Zubereitung

1 Das Olivenöl in einem ausreichend großen Topf erhitzen und das Gemüse und die Kräuter (auch Petersilie und Liebstöckel) darin kurz anbraten.

2 Mit etwa 5 Liter kaltem Wasser aufgießen, Salz dazugeben und aufkochen lassen. Zugedeckt etwa eine Stunde lang schwach köcheln lassen. Die Brühe danach etwas abkühlen lassen und sie durch ein feines Haarsieb abgießen.

Am besten ist es, wenn Sie das Gemüse mit der Rückseite des Schöpfers richtig „ausdrücken". Die Brühe völlig auskühlen lassen, erst dann umfüllen und kühl stellen.

Bunte Gemüsesuppe

2 Portionen

1-2 Karotten, gewürfelt

1 Gelbe Rüben, gewürfelt

1/4 Knollensellerie, gewürfelt

1 kleine Zwiebel, gewürfelt

1 TL Sonnenblumenöl

500 ml Gemüsebrühe

2-3 EL Haferkleie

Salz, Pfeffer

1/2 Bund Petersilie, gehackt

Zubereitung

1 Zwiebel in Öl etwa 5 Minuten glasig schwitzen, dann mit Gemüsebrühe ablöschen.

2 Das Gemüse zur Suppe geben, kurz aufkochen lassen und 15 Minuten bei mittlerer Hitze sanft köcheln.

3 Haferkleie einrühren, mit Salz und Pfeffer abschmecken und mit Petersilie bestreut servieren.

Nährwert pro Portion:

174 kcal, KH: 26 g, F: 8,3 g, E: 4,6 g

SCHNELLE KOHLRABISUPPE

2 PORTIONEN

250 g Kohlrabi, geschält, gewürfelt

1 Kartoffel, geschält, gewürfelt

1/2 Zwiebel, geschält, fein gehackt

1 TL Olivenöl

250 ml Gemüsebrühe

50 ml Milch (0,1 % Fett)

Salz, Pfeffer, Kresse

ZUBEREITUNG

1 Das Öl in einem beschichteten Topf erhitzen und zuerst die Zwiebel, dann Kohlrabi und Kartoffeln leicht anrösten. Mit der Brühe aufgießen, aufkochen und bei schwacher Hitze weiter köcheln lassen, bis das Gemüse weich ist (etwa 8 Minuten).

2 Die Suppe mit einem Stabmixer pürieren, die Milch unterrühren und mit Salz, Pfeffer und Kresse abschmecken.

NÄHRWERT PRO PORTION:

90 kcal, KH: 11 g, F: 3 g, E: 5 g

KOHLRABIBLATTSUPPE

2 PORTIONEN

300 ml Gemüsebrühe

10-15 möglichst junge, zarte Kohlrabiblätter, fein geschnitten

Salz, Pfeffer, Muskat

ZUBEREITUNG

Die Gemüsesuppe erhitzen (aber nicht kochen lassen) und die Kohlrabiblätter hinzufügen. Einige Minuten ziehen lassen und mit Salz, Pfeffer und Muskat abschmecken.

NÄHRWERT PRO PORTION:

32 kcal, KH: 2,7 g, F: 0,8 g, E: 1,1 g

Radieschensuppe

2 PORTIONEN

1 Bund Radieschen mit frischem Grün, Blätter in Streifen, Radieschen in Würfeln und ein paar Scheiben (zum Garnieren)

1 mittelgroße, mehlige Kartoffel, gewürfelt

1 Zwiebel, gewürfelt

einige Blätter Liebstöckel, fein gehackt

2 Estragonzweige, fein gehackt

500 ml Gemüsebrühe

50 g Ziegenfrischkäse mit Kräutern

etwas Butter zum Braten

Salz, Pfeffer, Stevia

ZUBEREITUNG

1 Ein paar Radieschenscheiben und ein paar Blätter im Ganzen beiseitelegen. Wenig Butter erhitzen und die Zwiebeln darin glasig anbraten. Mit der Brühe ablöschen, Kartoffel-, Radieschenwürfel und Kräuter hinzufügen und etwa 15 Minuten weich kochen, dann mit einem Stabmixer das Ganze pürieren.

2 Den Frischkäse dazugeben und schaumig aufschlagen. Nach Geschmack mit Salz, Pfeffer und etwas Stevia würzen.

3 Die Suppe mit den Streifen der Radieschenblätter und ein paar Radieschenscheiben servieren.

NÄHRWERT PRO PORTION:
206 kcal, KH: 23,1 g, F: 11,6 g, E: 8,7 g

KAROTTEN-GEMÜSE-SUPPE

2 PORTIONEN

350 g Karotten, abgebürstet, in Scheiben

1 Karotte, abgebürstet, im Ganzen

10 cm frischer Ingwer, abgebürstet, fein gerieben

10 g Mandelblättchen, gehackt

1/2 Bund Petersilie, gehackt

1 Bio-Zitrone,

1 TL abgeriebene Schale, 2 TL Saft

3 EL Parmesan, frisch gerieben

Salz, Pfeffer

2 EL Sojacreme

1 TL Rapsöl

200 ml Gemüsebrühe

ZUBEREITUNG

1 Karotten und Ingwer in der Brühe aufkochen und zugedeckt etwa 20 Minuten weich garen lassen.

2 Die Mandeln in einer Pfanne ohne Fett goldgelb rösten, dann abkühlen lassen und hacken. Die Mandelblättchen, Petersilie, Käse, 1 TL Zitronensaft und -schale im Mörser (Hacker) zu einem eher trockenen Pesto verarbeiten, dann die Mischung nach Geschmack mit Salz und Pfeffer abschmecken.

3 Die Suppe vom Herd nehmen, Sojacreme dazugeben und mit dem Stabmixer pürieren. Mit Salz, Pfeffer und 1 TL Zitronensaft würzen.

4 Für die Gemüsenudeln die Karotte mit einem Julienneschäler in dünne Streifen schneiden. Die Suppe mit den Gemüsenudeln und einem Klecks Pesto garnieren.

NÄHRWERT PRO PORTION:
165 kcal, KH: 12 g, F: 9 g, E: 7 g

BROKKOLICREMESUPPE

2 PORTIONEN

1 kg Brokkoli, Röschen und geschälter Stiel, klein geschnitten

1 rote Paprikaschote, gewürfelt

500 ml Gemüsebrühe

250 ml Milch (0,1 % Fett)

50 g Schmelzkäse mit Kräutern

Salz, Cayennepfeffer, Muskat

ZUBEREITUNG

1 8 bis 10 kleine, zarte Brokkoliröschen beiseitelegen, den Rest schneiden. Die Brühe mit der Milch aufkochen und den geschnittenen Brokkoli darin etwa 5 Minuten kochen lassen, bis er weich ist. Mit dem Stabmixer pürieren, die ganzen Röschen unterheben und die Suppe nochmals bei geringer Hitze etwa 2 Minuten köcheln lassen, bis die Röschen bissfest sind.

2 Den Käse unterrühren, darin schmelzen lassen, mit Salz, Pfeffer und Muskat abschmecken und mit Paprikawürfeln bestreut servieren.

NÄHRWERT PRO PORTION:
259 kcal, KH: 30,5 g, F: 10,5 g, E: 19,5 g

SPINATCREMESUPPE

2 PORTIONEN

4 Knoblauchzehen, geschält

1 kleine Kartoffel, geschält, in Würfeln

300 ml Gemüsebrühe

1 Prise Muskat

Pfeffer

150 g (TK-)Spinat, passiert

1 EL Crème fraîche

2 TL Zitronensaft

ZUBEREITUNG

1 Die Gemüsebrühe mit Knoblauch und Kartoffeln zum Kochen bringen. Mit Muskat und Pfeffer würzen. Zugedeckt 20 Minuten köcheln lassen.

2 Den tiefgekühlten Spinat dazugeben und zugedeckt etwa 8 Minuten köcheln lassen.

3 Die Suppe, Crème fraîche und Zitronensaft mit dem Stabmixer fein pürieren.

NÄHRWERT PRO PORTION:
95 kcal, KH: 9,3 g, F: 6,5 g, E: 3,2 g

ÇA-VA-BIEN-GEMÜSESUPPE

2 PORTIONEN

1/2 Melanzani (Aubergine), klein gewürfelt

1 Zucchini, in mundgerechten Stücken

2 Tomaten, in mundgerechten Stücken

1 rote Paprika, fein gewürfelt

2 Schalotten, fein gewürfelt

3 Knoblauchzehen, fein gewürfelt

1 TL Olivenöl

1 kleiner Thymianzweig

1 kleines Lorbeerblatt

Saft von 1/2 Zitrone

500 ml Gemüsebrühe

Salz, Pfeffer

Basilikumblätter

1 EL Kochcreme (bis 5 % Fett)

ZUBEREITUNG

1 Das Öl in einem Topf erhitzen und Paprika, Schalotten und Knoblauch einige Minuten darin anschwitzen.

2 Das restliche Gemüse, Thymian und Lorbeer dazugeben und ganz kurz mitgaren lassen.

3 Mit der Brühe aufgießen und mit Salz und Pfeffer würzen. Bei schwacher Hitze aufkochen lassen und noch etwa 18 Minuten bei mittlerer bis schwacher Hitze köcheln lassen, bis das Gemüse bissfest ist.

4 Thymian und Lorbeer herausnehmen. Einen Schöpfer Suppe abschöpfen, pürieren und anschließend zurück in die Suppe geben. Gut unterrühren und bei schwacher Hitze nochmals 1–2 Minuten köcheln lassen.

5 Mit Zitronensaft, Salz und Pfeffer abschmecken und mit einem Klecks Kochcreme und Basilikum garniert servieren.

NÄHRWERT PRO PORTION:
175 kcal, KH: 26,6 g, F: 2,1 g, E: 5,6 g

Ruckzuck-Kürbissuppe

2 PORTIONEN

1 Zwiebel, geschält, gehackt

500 g Kürbis, geschält, entkernt, in Würfeln

1 rote Paprikaschote, gewürfelt

3 Tomaten, gewürfelt

2 EL Olivenöl

500 ml Gemüsebrühe

Salz, Chilipulver

2 EL Petersilie, gehackt

ZUBEREITUNG

1 Öl in einem Topf erhitzen und die Zwiebel darin glasig dünsten.
2 Kürbis, Tomaten, Paprika und Brühe dazugeben. Mit Salz und Chilipulver würzen. Suppe zum Kochen bringen und ca. 15 Minuten köcheln lassen.
3 Die Suppe fein pürieren, mit Petersilie bestreuen.

NÄHRWERT PRO PORTION:
151 kcal, KH: 14,5 g, F: 7,3 g, E: 4,2 g

Karottensuppe

2 PORTIONEN

300 g Karotten, in Scheiben

1 Schalotte, gewürfelt

1 EL Rapsöl

400 ml Gemüsebrühe

75 ml Orangensaft

1 EL Sojasauce

1 getrocknete Chilischote

2 EL Kochcreme (bis zu 5 % Fett)

2 cm Ingwer, fein gehackt

1 Beet Kresse, grob gehackt

Salz, Pfeffer

ZUBEREITUNG

1 Öl erhitzen und Schalotten darin glasig dünsten, Karotten unterrühren, kurz andünsten lassen und mit Brühe und Saft aufgießen.
2 Sojasauce einrühren und Chilischote einlegen, bei milder Hitze ca. 15 Minuten köcheln lassen.
3 Ingwer, Kochcreme und Kresse gut verrühren. Chilischote herausfischen und Suppe fein pürieren. Mit Salz und Pfeffer abschmecken und mit einem Klecks Ingwercreme garnieren.

NÄHRWERT PRO PORTION:
179 kcal, KH: 14 g, F: 12 g, E: 4 g

Lavendel-Tomaten-Schale

2 PORTIONEN

500 g Tomaten

1 Zwiebel, gewürfelt

1 Knoblauchzehe, fein gehackt

1 TL Olivenöl

150 ml Gemüsebrühe

Salz, Pfeffer, Tabasco

kleiner Lavendelzweig, möglichst mit Blüten, Blätter gehackt

ZUBEREITUNG

1 Tomaten kurz in heißes Wasser legen, häuten und ohne Stielansatz grob würfeln. Zwiebel in Öl glasig dünsten, den Knoblauch hineinpressen. Die Tomaten hinzufügen, mit der Brühe aufgießen und mit Salz, Pfeffer und vorsichtig Tabasco abschmecken. Die Lavendelblätter dazugeben und bei schwacher Hitze zugedeckt etwa 20 Minuten köcheln lassen.

2 Die Suppe mit Lavendelblüten garniert servieren.

Anstelle von Lavendel passt auch Basilikum sehr gut.

NÄHRWERT PRO PORTION:
89 kcal, KH: 8 g, F: 5 g, E: 3 g

Bunte Kohlsuppe

2 PORTIONEN

2 kleine Karotten, in Scheiben

4 Frühlingszwiebeln, in Ringen

2 kleine Stängel Stangensellerie

1 grüne Paprikaschote

1/2 Weißkohl, in mundgerechten Stücken

500 ml Gemüsebrühe

150 g Dosentomaten, in Stücken

Salz, Pfeffer

ZUBEREITUNG

Die Brühe, die Tomaten und das Gemüse in einem Topf zugedeckt etwa 20 Minuten bei mittlerer Hitze garen lassen, bis das Gemüse weich ist. Zum Schluss mit Salz und Pfeffer abschmecken.

NÄHRWERT PRO PORTION:
98 kcal, KH: 15,4 g, F: 1 g, E: 4 g

Grüne Frühlingssuppe

2 PORTIONEN

200 g Tofu, natur, gewürfelt

1 Bio-Zitrone,

1 TL abgeriebene Schale, 1 TL Saft

Salz, grüner Pfeffer

150 grüner Spargel

1 kleine Zucchini, in dünnen Scheiben

100 g Zuckerschoten, halbiert

2 Frühlingszwiebeln, in Ringen

3–4 Stängel Kerbel, gehackt

1 l Gemüsebrühe

ZUBEREITUNG

1 Tofuwürfel mit Zitronensaft und -schale, Salz und Pfeffer würzen und zugedeckt etwa 2 Stunden kalt stellen.

2 Den Spargel im unteren Drittel dünn schälen und eventuell die holzigen Enden abschneiden. Die Stangen waschen, längs halbieren und schräg in ca. 2 cm große Stücke schneiden – die Spitzen ganz lassen.

3 Die Brühe aufkochen lassen und vorsichtig salzen. Die Spargelstücke und das Weiße der Frühlingszwiebeln darin etwa 1 Minute kochen lassen.

4 Zucchinischeiben und Spargelspitzen dazugeben und etwa 1 Minute mitgaren lassen.

5 Zuckerschotenhälften und das Grün der Frühlingszwiebeln hinzufügen und nochmals 1 Minute köcheln lassen.

6 Tofu in der Suppe erwärmen, anrichten und mit Kerbel bestreut servieren.

NÄHRWERT PRO PORTION:

130 kcal, KH: 9 g, F: 6 g, E: 12 g

Gemüsetopf mit Spargel

2 PORTIONEN

1 EL Olivenöl

1 kleine Zwiebel, gehackt

1/2 Bund Petersilie, im Ganzen

4 Liebstöckelzweige, im Ganzen

600 ml Gemüsebrühe

200 g weißer Spargel, kleine Stücke

2 Karotten, in Scheiben

1/2 Stange Lauch (Porree), in Scheiben

abgeriebene Schale und Saft von 1/2 Bio-Zitrone

1 Handvoll Basilikum, fein gehackt

Salz, Pfeffer, Muskat

2 EL Joghurt (0,1 % Fett)

ZUBEREITUNG

1 Zwiebel in Öl glasig dünsten, mit der Brühe aufgießen, aufkochen lassen und 5 Minuten köcheln lassen.

2 Spargel, Karotten, Lauch, Zitronenschale, Petersilie und Liebstöckel dazugeben und zugedeckt weitere 10 Minuten köcheln lassen – das Gemüse sollte al dente sein.

3 Petersilie und Liebstöckel herausnehmen, mit Salz, Pfeffer und Muskat abschmecken – zuletzt das Basilikum untermischen.

4 Das Joghurt mit Zitronensaft und Salz abschmecken und jeweils einen Klecks auf die Suppe geben.

NÄHRWERT PRO PORTION:

102 kcal, KH: 7 g, F: 5,5 g, E: 4 g

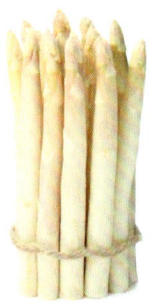

Birnen-Sellerie-Topf

2 PORTIONEN

1 kleiner Knollensellerie, in kleinen Stücken

1 kleine Zwiebel, fein geschnitten

1 TL Olivenöl

500 ml Gemüsebrühe

2 mittelgroße Birnen, klein geschnitten

Salz, Pfeffer

Birnenscheiben zum Garnieren

ZUBEREITUNG

1 Das Öl in einem Topf erhitzen und die Zwiebel darin einige Minuten bei geringer Hitze anschwitzen. Den Sellerie dazugeben, mit der Brühe angießen, aufkochen lassen und etwa 20 Minuten bei mittlerer Hitze garen.

2 Wenn der Sellerie weich ist, die Birnen zugeben und kurz mit köcheln lassen.

3 Die Suppe pürieren und mit Salz und Pfeffer abschmecken. Mit einer Birnenscheibe garniert servieren.

NÄHRWERT PRO PORTION:
165 kcal, KH: 21,2 g, F: 8,1 g, E: 2 g

Pastinakencremesuppe

2 PORTIONEN

500 ml Gemüsebrühe

200 g Pastinaken, in kleinen Stücken

1 große Kartoffel, gewürfelt

8 Frühlingszwiebeln, in Ringen

1 Prise Galgant

1 cm Ingwer, fein gehackt

1/2 Bund Petersilie, gehackt

1 TL Kürbiskernöl

ZUBEREITUNG

1 Die Brühe aufkochen lassen, Pastinaken, Kartoffel und Zwiebeln dazugeben und mit Galgant und Ingwer würzen. Etwa 10 Minuten köcheln lassen, bis das Gemüse weich ist.

2 Mit dem Mixer pürieren. Anschließend mit Petersilie bestreuen und mit ein paar Tropfen Kürbiskernöl beträufelt und servieren.

NÄHRWERT PRO PORTION:
88 kcal, KH: 7 g, F: 5 g, E: 2,5 g

Rotes Veggiesüppchen

2 PORTIONEN

1 Karotte, in Scheiben

1 gelbe Paprika, in Würfeln

1 kleine Zucchini, in feinen Scheiben

1 kleine Zwiebel, in Würfeln

1 Knoblauchzehe, in feinen Scheiben

1 EL Olivenöl

250 ml Gemüsebrühe

200 g Tomaten aus der Dose

125 g weiße Bohnen aus der Dose

Salz, Pfeffer

2-3 Stängel Kräuter nach Wahl, gehackt

ZUBEREITUNG

1 Das Öl in einem Topf erhitzen und Zwiebel und Knoblauch darin kurz andünsten. Karotte, Paprika und Zucchini hinzugeben und unter Rühren 2 Minuten mitdünsten.

2 Brühe und Tomaten mit der Flüssigkeit zugeben, zum Kochen bringen und zugedeckt bei schwacher Hitze etwa 10 Minuten kochen lassen.

3 Die Bohnen zu der Suppe in den Topf geben und weitere 5 Minuten bei schwacher Hitze köcheln lassen.

4 Mit Salz und Pfeffer abschmecken und mit den Kräutern bestreut servieren.

NÄHRWERT PRO PORTION:
183 kcal, KH: 18 g, F: 8 g, E: 8 g

MALLORQUINISCHE KNOBLAUCHSUPPE

2 PORTIONEN

12 Knoblauchzehen, geschält

2 Scheiben Vollkorntoast, zerbröselt

1 TL Olivenöl

2 Tomaten, in Würfeln

500 ml Gemüsebrühe

1 kleines Lorbeerblatt

1 Prise Oregano

1 Prise Chilipulver

2 EL Petersilie, gehackt

ZUBEREITUNG

1 Knoblauch und Brot in Olivenöl unter Rühren kurz anrösten. Die Tomatenwürfel dazugeben und unter Rühren kurz einkochen lassen. Mit der Brühe aufgießen, mit Lorbeerblatt, Oregano und Chili würzen und aufkochen lassen. Die Suppe zugedeckt 20 Minuten köcheln lassen, bis die Knoblauchzehen weich sind.

2 Das Lorbeerblatt entfernen, die Suppe mit dem Stabmixer pürieren, durch ein Sieb streichen und mit Petersilie garniert servieren.

NÄHRWERT PRO PORTION:
191 kcal, KH: 21,5 g, F: 12,3 g, E: 5 g

KAROTTEN-SELLERIE-SUPPE

MIT ZUCCHINIEINLAGE

2 PORTIONEN

1 Zwiebel, gehackt

5 große Karotten, in dünne Scheiben

1/2 Knollensellerie, gewürfelt

2 TL Olivenöl

800 ml Gemüsebrühe

1 Handvoll Liebstöckel, gehackt

abgeriebene Schale von 1/4 Bio-Zitrone

2 kleine Zucchini, nicht geschält, klein gewürfelt

1 Handvoll Basilikum, in feinen Streifen

1 Knoblauchzehe, gehackt

Salz, Muskat

ZUBEREITUNG

1 In einem beschichteten Topf 1 TL Olivenöl erhitzen, Zwiebel darin glasig dünsten. Karotten und Sellerie zugeben, kurz anbraten und mit der Suppe aufgießen. Liebstöckel, eine Prise Muskat und Zitronenschale untermischen, aufkochen und zugedeckt etwa 10 Minuten köcheln lassen. Mit dem Mixstab fein pürieren.

2 1 TL Olivenöl in einer beschichteten Pfanne erhitzen und Knoblauch darin kurz anbraten. Zucchiniwürfel zugeben und unter Rühren kurz anbraten. Dann leicht salzen, das Basilikum untermischen und aus der Pfanne nehmen.

3 Die Suppe anrichten, mit den Zucchini bestreuen und servieren.

NÄHRWERT PRO PORTION:

122 kcal, KH: 12 g, F: 6 g, E: 4 g

Karfiol-Lauch-Suppe

2 PORTIONEN

1 Zwiebel, fein gewürfelt

1 Stange Lauch (Porree), in Ringen

1 kleiner Karfiol (Blumenkohl), in Röschen

1 EL Olivenöl

250 ml Gemüsebrühe

250 ml Milch (0,1 % Fett)

Salz, Pfeffer, Muskat

1 Bund Schnittlauch, gehackt

ZUBEREITUNG

1 Zwiebelwürfel und die weißen Ringe vom Lauch in heißem Öl etwa 5 Minuten unter Rühren anschwitzen.

2 Den Karfiol und die grünen Lauchringe (nicht zu viele davon) dazugeben, mit der Brühe und der Milch angießen und kurz aufkochen lassen (Vorsicht: die Milch geht leicht über). Dann auf niedriger Temperatur das Gemüse 10–15 Minuten köcheln lassen.

3 Die Suppe fein pürieren, mit Salz, Pfeffer und Muskat abschmecken und mit Schnittlauch garnieren.

NÄHRWERT PRO PORTION:

190 kcal, KH: 24,1 g, F: 6,1 g, E: 10,5 g

Linsencurry

2 PORTIONEN

40 g rote Linsen

400 ml Gemüsebrühe

2 TL Currypulver

1 Stange Stangensellerie,
in dünnen Scheiben, das Grün grob
gehackt

Salz, Pfeffer

2 EL Joghurt (0,1 % Fett)

ZUBEREITUNG

1 Die Linsen in der Suppe aufkochen lassen, Currypulver zugeben und zugedeckt 8 Minuten bei
kleiner Hitze köcheln.

2 Die Selleriescheiben in die Suppe geben und weitere 4 Minuten garen lassen, bis der Sellerie bissfest
ist. Mit Salz und Pfeffer abschmecken und die
Suppe mit einem Klecks Joghurt anrichten.

NÄHRWERT PRO PORTION:
81 kcal, KH: 11 g, F: 1 g, E: 6 g

Tomatensuppe mit Brokkoli

2 PORTIONEN

250 g passierte Tomaten

1 kleine Schalotte, fein gehackt

100 g Brokkoli

etwas Apfelessig

1 TL Halbfettmargarine

1 TL Johannisbrotkernmehl

Salz, Stevia

ZUBEREITUNG

1 Schalotte in Margarine anschwitzen, mit Mehl
stauben und mit Apfelessig ablöschen.

2 Die Tomaten und etwa 250 ml Wasser hinzufügen
und köcheln lassen. Brokkoliröschen dazugeben,
mit Salz und Stevia abschmecken und bei geringer
Hitze fertig garen, bis der Brokkoli weich ist.

NÄHRWERT PRO PORTION:
79 kcal, KH: 9 g, F: 3 g, E: 4 g

Foto: Linsencurry

Hot Asia Soup

2 PORTIONEN

10 cm frischer Ingwer, gebürstet, gewürfelt

1 Knoblauchzehe, geschält, in feinen Streifen

1 Stängel Zitronengras, in groben Stücken

1 Kaffir-Limettenblatt

1 Karotte, in feinen Stiften

500 ml Gemüsebrühe

1 kleine Chilischote, entstielt, entkernt, in Stiften

1/2 Bund Frühlingszwiebeln, in Ringen

80 g Shiitake-Pilze (Ersatz: Champignons), in Scheiben

80 g Zuckerschoten, entfädelt, halbiert

150 g Tofu, natur, in mundgerechten Würfeln

Saft von 1 Limette

1 Schuss Sojasauce

ZUBEREITUNG

1 Die Brühe in einem Topf zum Kochen bringen. Karottenstifte, Ingwer- und Knoblauchscheiben, Zitronengrasstücke und Limettenblätter hinzugeben und noch einmal zum Kochen bringen.

2 Die Chilistücke in die Suppe geben und etwa 10 Minuten bei schwacher Hitze zugedeckt kochen lassen. Die Suppe mit Sojasauce und Limettensaft würzen.

3 Frühlingszwiebeln, Pilze und Zuckerschoten hinzufügen und bei schwacher Hitze etwa 7 Minuten köcheln lassen. Nach der halben Garzeit den Tofu dazugeben.

NÄHRWERT PRO PORTION:
184 kcal, KH: 19 g, F: 5 g, E: 16 g

TOMATEN-MARILLEN-SÜPPCHEN
NACH WACHAUER ART

2 PORTIONEN

1 Zwiebel, geschält, gehackt

200 g reife Marillen (Aprikosen), entkernt, halbiert oder geviertelt

1/2 Vanilleschote, längs halbiert, Mark herausgekratzt

1 EL Olivenöl

2 TL Tomatenmark

150 ml Gemüsebrühe

1 Dose Tomaten (400 g)

1 Lorbeerblatt

Salz, Pfeffer

ein paar Basilikumblätter

100 g Joghurt (0,1 % Fett)

Chiliflocken zum Garnieren

ZUBEREITUNG

1 Das Öl in einem Topf erhitzen, die Zwiebel darin glasig dünsten. Die Marillen dazugeben und unter Rühren 2–3 Minuten mitdünsten lassen. Das Tomatenmark unterrühren und ebenfalls etwa 2 Minuten mitdünsten lassen.

2 Mit Brühe und Tomaten ablöschen, Vanillemark und -stange sowie das Lorbeerblatt dazugeben. Die Suppe aufkochen und zugedeckt bei kleiner Hitze etwa 10 Minuten köcheln lassen.

3 Mit einem Klecks Joghurt, ein paar Chiliflocken (nach Belieben) und ein paar Blättern Basilikum garniert servieren.

NÄHRWERT PRO PORTION:
160 kcal, KH: 17 g, F: 6 g, E: 6 g

Karotten-Orangen-Suppe

2 PORTIONEN

375 g Karotten, in Scheiben

1 Zwiebel, fein gewürfelt

1 TL Olivenöl

Salz, Pfeffer

100 ml Orangensaft

ein paar Blätter Petersilie

ZUBEREITUNG

1 Das Öl in einem Topf erhitzen und die Zwiebel etwa 5 Minuten bei geringer Hitze unter Rühren glasig anschwitzen.

2 Die Karotten zugeben, kurz andünsten lassen und mit etwa 500 ml Wasser aufgießen. Mit Salz und Pfeffer würzen und aufkochen lassen, dann die Hitze verringern und etwa 30 Minuten köcheln lassen, bis die Karotten sehr weich sind.

3 Die Suppe pürieren und den Orangensaft einrühren. Nochmals gut umrühren, eventuell noch einmal kurz pürieren und mit jeweils ein paar Blättern Petersilie dekoriert servieren.

TIPP

Schmeckt mit Curry auch sehr gut.

NÄHRWERT PRO PORTION:

137 kcal, KH: 16,3 g, F: 7 g, E: 2,3 g

POLNISCHE BUCHWEIZENSUPPE

2 PORTIONEN

1/2 Fenchelknolle, in dünnen Streifen

30 g Buchweizen, grob geschrotet

1 EL Halbfettmargarine

300 ml Gemüsebrühe

1/2 Bund Petersilie, gehackt

Salz, Pfeffer

ZUBEREITUNG

1 1 TL der Margarine in einem Topf erhitzen und dabei leicht aufschäumen lassen. Den Buchweizenschrot kurz mit heißem Wasser spülen, dann in den Topf geben und unter Rühren so lange anrösten, bis er zart-würzig duftet.

2 Die Brühe zugießen und unter Rühren aufkochen lassen, dann die Suppe zugedeckt bei schwacher Hitze etwa 10 Minuten sanft köcheln lassen, dabei einige Male umrühren, damit der Schrot nicht anbrennt.

3 5 Minuten vor Ende der Garzeit die Fenchelstreifen zufügen. Mit Salz und Pfeffer abschmecken und mit Petersilie bestreut servieren.

NÄHRWERT PRO PORTION:
98 kcal, KH: 10,8 g, F: 4,9 g, E: 2,5 g

TOMATENSUPPE

2 PORTIONEN

1 Zwiebel, geschält, fein gehackt

1 Knoblauchzehe, geschält, fein gehackt

1 EL Olivenöl

400 g Tomaten, (frisch gewürfelt oder aus der Dose)

250 ml Gemüsebrühe

1 kleines Lorbeerblatt

1 Prise Stevia

Salz, Pfeffer, Cayennepfeffer

1/2 TL Oregano, gerebelt

ein paar Basilikumblätter

ZUBEREITUNG

1 Das Öl in einem Topf erhitzen, Zwiebel und Knoblauch darin glasig dünsten. Tomaten, Brühe und Lorbeerblatt hinzugeben. Mit Stevia, Salz, Pfeffer, Cayennepfeffer und Oregano würzen. Die Suppe aufkochen und zugedeckt etwa 15 Minuten bei schwacher Hitze köcheln lassen.

2 Das Lorbeerblatt entfernen. Die Suppe mit einem Stabmixer pürieren. Tomatensuppe nochmals aufkochen lassen und mit den Gewürzen abschmecken.

3 Mit den Basilikumblättern garniert servieren.

NÄHRWERT PRO PORTION:

83 kcal, KH: 6 g, F: 5 g, E: 2 g

Kalte Gurkensuppe

2 PORTIONEN

125 g Topfen (Quark, 0,2 % Fett)

125 g Joghurt (0,1 % Fett)

125 ml Gemüsebrühe

1/2 Gurke, entkernt, gewürfelt

1 Knoblauchzehe, gehackt

1 TL Dille, gehackt

Salz, Pfeffer

ZUBEREITUNG

Alle Zutaten gemeinsam mixen und kalt stellen. Die Suppe gut gekühlt servieren.

NÄHRWERT PRO PORTION:
63 kcal, KH: 5,7 g, F: 2 g, E: 6,5 g

Tomaten-Joghurt-Schale

2 PORTIONEN

250 g Joghurt (0,1 % Fett)

70 ml Gemüsebrühe

1/2 Dose geschälte Tomaten, zerkleinert

1 EL frische Zitronenmelisse, fein gehackt

1/2 TL frischer Koriander, fein gehackt

1/2 kleine Chilischote, fein gehackt

1 EL Zitronensaft

Salz, Pfeffer

1 TL Olivenöl

ZUBEREITUNG

1 Die Tomaten zerkleinern und mit den Kräutern und den Chilistücken (nach Geschmack) vermischen.
2 Das Joghurt mit Eigelb, Brühe, Zitronensaft und Öl verquirlen.
3 Die Tomatenmischung unterrühren, gut erwärmen und mit Salz und Pfeffer abschmecken.

NÄHRWERT PRO PORTION:
62 kcal, KH: 9 g, F: 1 g, E: 5,5 g

Foto: Kalte Gurkensuppe

Schwarzwurzelsuppe

2 PORTIONEN

250 g Schwarzwurzeln, in Stücken

75 g Kartoffeln, in Stücken

1 TL Mehl

1 EL Apfelessig

2 kleine Schalotten, gewürfelt

2 TL Olivenöl

500 ml Gemüsebrühe

70 g Sojacreme

1 Bund Schnittlauch, in Röllchen

Salz, Pfeffer

eventuell etwas Trüffelöl

ZUBEREITUNG

1 Mehl und Essig mit kaltem Wasser mischen, die Kartoffel- und Schwarzwurzelstücke hinzugeben und kurz darin ziehen lassen.

2 Die Schalotten in Olivenöl anschwitzen, die Kartoffeln und Schwarzwurzeln (abgegossen und kurz abgespült) dazugeben, kurz andünsten lassen und mit der Suppe aufgießen. Aufkochen lassen und bei geringer Hitze 30 Minuten köcheln lassen.

3 Die Suppe pürieren und durch ein enges Sieb streichen, mit Salz und Pfeffer abschmecken. Erneut aufkochen lassen und die geschlagene Creme unterrühren.

4 Mit Schnittlauch bestreuen, eventuell mit ein paar Tropfen Trüffelöl beträufeln und servieren.

NÄHRWERT PRO PORTION:
85 kcal, KH: 2,4 g, F: 1,9 g, E: 2,4 g

Apfel-Sellerie-Suppe

2 PORTIONEN

2 Äpfel, in kleinen Stücken

1 Knollensellerie, in kleinen Stücken

2 Schalotten, fein gehackt

750 ml Gemüsebrühe

250 ml Milch (0,1 % Fett)

2 TL Rapsöl

6 Wacholderbeeren

ZUBEREITUNG

1 In einem Topf etwas Öl erhitzen, die Schalotten darin goldbraun anschwitzen und den Sellerie hinzufügen. Das Ganze mit der Gemüsebrühe ablöschen und bei mittlerer Hitze zugedeckt etwa 10 Minuten köcheln lassen.

2 Die Äpfel, die Milch sowie die Wacholderbeeren zugeben und unter gelegentlichem Umrühren so lange kochen, bis der Apfel weich ist.

3 Die Suppe pürieren und mit Apfelstiften garnieren.

NÄHRWERT PRO PORTION:
136 kcal, KH: 14 g, F: 6 g, E: 7 g

Brunnenkressesuppe

2 PORTIONEN

1 EL Rapsöl

1 kleine Zwiebel, fein gehackt

400 ml Gemüsebrühe

2 kleine Kohlrabi, kleine Stücke

100 g Brunnenkresse oder Gartenkresse, grob gehackt

Salz, Pfeffer, Muskat

ZUBEREITUNG

1 Die Zwiebel in Öl glasig dünsten, mit der Brühe aufgießen, aufkochen und dann zugedeckt bei geringer Hitze 10 Minuten köcheln lassen.

2 Kohlrabi dazugeben, mit Muskat fein würzen und weitere 5 Minuten köcheln lassen, bis die Kohlrabi weich sind.

3 Die Kresse in die Suppe rühren und mit dem Mixer pürieren.

NÄHRWERT PRO PORTION:
88 kcal, KH: 6 g, F: 5 g, E: 4 g

Fruchtig-herbe Lauchsuppe

2 PORTIONEN

100 g Joghurt (0,1 % Fett)

1 Stange Lauch (Porree), in feinen Ringen

1 EL Öl

500 ml Gemüsebrühe

6 Blätter frischer Salbei, klein geschnitten

Muskat, frisch gerieben

1 mittelgroße Kartoffel, geschält, gewürfelt

50 ml trockener Most (Apfelwein)

abgeriebene Schale von 1/2 Bio-Zitrone

Salz, Pfeffer

ZUBEREITUNG

1 Die Lauchringe in heißem Öl etwa 5 Minuten anbraten (nicht bräunen), dann die Kartoffel zugeben, kurz dünsten und mit der Brühe aufgießen. Zugedeckt etwa 15 Minuten kochen lassen, bis das Gemüse weich ist.

2 Den Salbei zugeben und die Suppe mit einem Stabmixer fein pürieren, mit Salz, Pfeffer und Muskat abschmecken.

3 Die Suppe auf Zimmertemperatur abkühlen lassen und Most, Zitronenschale und das Joghurt unterrühren. Die Suppe im Kühlschrank kalt stellen

4 Mit Salbei garniert servieren.

NÄHRWERT PRO PORTION:
112 kcal, KH: 8 g, F: 6 g, E: 3 g

Rote-Rüben-Eintopf

2 PORTIONEN

200 g Rote Rüben (Rote Bete), geschält, in Stücken

150 g Kartoffeln, geschält, in Stücken

125 g Karotten, gebürstet, in Stücken

125 g Weißkraut (Weißkohl), in Streifen

1 kleine Zwiebel, fein gewürfelt

1 Knoblauchzehe, fein gewürfelt

1 EL Pflanzenöl

1 Lorbeerblatt

2 Pimentkörner

600 ml Gemüsebrühe

Salz, Pfeffer

50 g milder Fetakäse

Petersilie

ZUBEREITUNG

1 Das Öl in einem Topf erhitzen, Zwiebel und Knoblauch darin glasig dünsten.
2 Rote Rüben, Lorbeerblatt und Pimentkörner dazugeben und mit der Brühe aufgießen. Aufkochen und bei mittlerer Hitze 15 Minuten kochen lassen.
3 Kartoffeln, Karotten und Kraut untermischen und alles noch etwa 20 Minuten köcheln lassen.
4 Den Eintopf mit Salz und Pfeffer abschmecken. Den Käse zerbröckeln und darüber verteilen. Petersilie darüber streuen.

NÄHRWERT PRO PORTION:
215 kcal, KH: 20,5 g, F: 8,5 g, E: 9 g

Gurkensüpplein

2 PORTIONEN

300 g feste Bio-Gurke, entkernt, gewürfelt

1 kleine Zwiebel, gewürfelt

1 Knoblauchzehe, gewürfelt

1/2 Bund Petersilie, gehackt

1 Handvoll Kerbel, gehackt

3 Dillzweige, gehackt

400 ml Gemüsebrühe

2 EL Joghurt (0,1 % Fett)

Salz, Pfeffer, Muskat

ZUBEREITUNG

1 Gurke, Zwiebel, Knoblauch und die Kräuter in 4 EL Gemüsebrühe andünsten. Mit der restlichen Suppe aufgießen, Joghurt unterrühren und zugedeckt bei schwacher Hitze etwa 15 Minuten garen lassen.

2 Fein pürieren und mit Salz, Pfeffer und Muskat abschmecken.

NÄHRWERT PRO PORTION:
40 kcal, KH: 4 g, F: 1 g, E: 2 g

Kraut-Rahm-Suppe

2 PORTIONEN

100 g Weißkraut (Weißkohl), klein geschnitten

1 kleine Zwiebel, fein gehackt

1 EL Halbfettmargarine

1 EL Tomatenmark

500 ml Gemüsebrühe

1 kleine Kartoffel, geschält, im Ganzen

1/2 TL Kümmel, gemahlen

1 TL Kochcreme (bis 5 % Fett)

Salz, Pfeffer

50 g magerer Hartkäse, gerieben

ZUBEREITUNG

1 Zwiebel und Kraut in der Margarine anrösten, Tomatenmark untermischen, kurz mitdünsten und mit der Brühe ablöschen.

2 Mit Salz, Pfeffer und Kümmel abschmecken, die Kartoffel dazugeben und 15 Minuten auf mittlerer Flamme kochen lassen.

3 Kartoffel herausnehmen, Kochcreme einrühren (nicht mehr kochen lassen!) und mit Käse bestreut servieren.

NÄHRWERT PRO PORTION:
138 kcal, KH: 12,1 g, F: 5,2 g, E: 13,2 g

ERBSENSÜPPCHEN

2 PORTIONEN

300 ml Gemüsebrühe

300 g Erbsen (frisch oder tiefgekühlt)

150 ml Milch (0,1 % Fett)

50 g magerer Frischkäse

Kräutersalz, Pfeffer, Muskat

1 TL abgeriebene Schale von 1
Bio-Zitrone

Saft von 1 Bio-Zitrone

3 Stängel Minze (oder Zitronenmelisse), gehackt

2 EL Joghurt (0,1 % Fett)

ZUBEREITUNG

1 Die Brühe in einem Topf aufkochen lassen und die
Erbsen darin etwa 7–8 Minuten weich garen, danach Erbsen mit dem Stabmixer fein pürieren und
durch ein nicht zu feines Sieb streichen.

2 100 ml der Milch und den Frischkäse einrühren und
erhitzen, aber nicht mehr kochen lassen. Mit Kräutersalz, Pfeffer, Muskat, Zitronenschale und einem
Spritzer Zitronensaft abschmecken. Die Suppe auf
2 Teller aufteilen.

3 Die restliche Milch erhitzen, das Joghurt, eine Prise
Salz und die Minze dazugeben und mit dem Stabmixer aufschäumen. Über die Suppe löffeln und mit
einem Minzblättchen dekoriert servieren.

NÄHRWERT PRO PORTION:
200 kcal, KH: 24 g, F: 4 g, E: 18 g

Paprikasuppe mit Champignons

2 PORTIONEN

1 Zwiebel, gewürfelt

1 Knoblauchzehe, fein gehackt

200 g mehlige Kartoffeln, gewürfelt

2 rote Paprikaschoten, in Streifen

100 g Champignons, in dünnen Scheiben

800 ml Gemüsebrühe

abgeriebene Schale von 1/2 Bio-Zitrone

Saft von 1 Bio-Zitrone

1/2 TL Korianderkörner

1 EL Schnittlauch, fein gehackt

Piment, Muskat

2 TL Olivenöl

ZUBEREITUNG

1 In einem beschichteten Topf 1 TL Olivenöl erhitzen und die Zwiebelwürfel darin goldgelb braten. Knoblauch, Kartoffeln und Paprika zugeben, unter Rühren kurz anbraten und mit Suppe aufgießen. Mit Piment, Muskat und Zitronenschale würzen und zugedeckt etwa 12 Minuten köcheln lassen. Mit dem Mixstab fein pürieren und mit Zitronensaft abschmecken.

2 In einer beschichteten Pfanne 1 TL Olivenöl erhitzen, Koriander kurz darin anrösten, Champignons zugeben und unter Rühren 1–2 Minuten bissfest braten.

3 Suppe mit den Champignons anrichten und mit Schnittlauch bestreuen.

NÄHRWERT PRO PORTION:
104 kcal, KH: 8 g, F: 6 g, E: 4 g

Petersilienschale

2 PORTIONEN

1 Schalotte, fein gehackt

4 TL Sojaöl

400 ml Gemüsebrühe

1 Knoblauchzehe, gehackt

1 Scheibe Vollkornbrot (ohne Zuckerzusatz), in kleinen Würfeln

2 Bund Petersilie, gehackt

1 Beet Kresse

150 g Joghurt (0,1 % Fett) oder ein vergleichbares Soja-Produkt

Saft von 1/2 Zitrone

Salz, Pfeffer

ZUBEREITUNG

1 Schalotte in 2–3 TL Öl glasig dünsten, mit der Brühe aufgießen und aufkochen lassen. Die Petersilie in die Suppe geben und 2–3 Minuten köcheln lassen.

2 Vom Herd nehmen, fein pürieren und durch ein Sieb gießen.

3 Joghurt und Zitronensaft mit der Gabel etwas cremig rühren, unter die Suppe ziehen und mit Salz und Pfeffer abschmecken.

4 Das restliche Öl in einer beschichteten Pfanne erhitzen, den Knoblauch darin andünsten und die Brotwürfel von allen Seiten knusprig anrösten.

5 Die Suppe mit Kresse und Brotwürfeln bestreut servieren.

NÄHRWERT PRO PORTION:
162 kcal, KH: 15g, F: 12 g, E: 5 g

Rezeptregister

DIE AUTORIN:

© Alexander Braune

Tanja Braune ist Gesundheitsjournalistin und Ernährungsexpertin. Ihre Kochbücher machen stets eine gesunde, schmackhafte, äußerst vielseitige und dabei wirklich schnelle und praktische Küche möglich.

Bildnachweis:
Cover: Corbis (James Bruce)
Peter Barci: Seite 7
dreamstime: Seite 15, 51
Fotolia: Seite 2, 47 (nsahraj), 9 (Timmary), 10 (dusk), 13 (Bobo), 21 (silencefoto), 23 (Simic Vojislav), 25, 59 (Viktorija), 26 (Natika), 33 (Kamila Cyganek), 37 (Eddie), 52, 55 (Barbara Pheby), 56 (kovaleva_ka), 61 (Scisetti Alfio),
iStockphoto.com: Seite 11, 16, 18, 29, 34, 38, 41, 43, 44, 48

ISBN: 978-3-7088-0711-9

© by Verlagsgruppe Styria GmbH & Co KG 2017
Lobkowitzplatz 1
A-1010 Wien
www.kneippverlag.com
www.facebook.com/KneippVerlagWien

Lektorat: Anke Weber
Herstellung: Motto Verlagsservice
Cover- und Buchgestaltung: Bruno Wegscheider
Druck: Neografia

Printed in the EU

7 6 5 4 3 2 1